SOUVENIR

DU

18 NOVEMBRE 1880

SOUVENIR

DU

18 NOVEMBRE 1880

DISCOURS

PRONONCÉ

AU MARIAGE

DE

MONSIEUR HONORÉ FIRMIN

ROUGON

CHEVALIER DE LA LÉGION D'HONNEUR
MEMBRE DE L'AMBASSADE DE FRANCE
A CONSTANTINOPLE

ET DE

MADEMOISELLE MARIE ANGE

BELIN

en l'église St-Germain-des-Prés

PAR MONSIEUR L'ABBÉ CAUX

CURÉ DE LA PAROISSE

Le ministre de l'Eglise est toujours heureux de bénir ; mais, à certains instants, son bonheur est plus vif, s'il lui est demandé de consacrer une nouvelle famille par les paroles du Sacrement, institution sainte venue de Dieu même.

MONSIEUR ET MADEMOISELLE,

Tout à l'heure vous prononcerez vos serments ; en présence de vos familles et de vos amis, vous

vous promettrez aide et affection. Mais surtout, prenant Dieu à témoin, vous lui demanderez de vouloir bien ratifier ces paroles données et présider à votre vie entière, afin de trouver par lui joie, appui, force, consolation, fidélité inviolable.

Dieu, de son côté, ne manquera pas d'être présent à vos âmes et d'écouter vos vœux.

Puisque des hommes de parole et de condition si considérables témoignent de vous, Monsieur, puisque votre vie confirme leur dire, soyez sûr que Dieu tient compte de si beaux titres et que sa bénédiction est proche de vous. Cette bénédiction, j'aime à le croire, Monsieur, vous la voulez surabondante ; vous révélez ce désir par le choix de la jeune fille que vous demandez à sa famille.

Vous avez connu, estimé, aimé le père de cette jeune personne ; certainement il ratifie, d'un séjour plus heureux, la permission donnée par cette mère qui tout à l'heure vous nommera son fils. Sans doute, vous retrouvez dans votre future compagne quelques-uns des traits de son père ; c'est ce qui vous attire vers elle. Depuis longtemps vous avez apprécié ce caractère calme et dévoué, doux et ardent, cherchant le bien et docile à suivre les avis.

Je vous félicite, Monsieur, d'avoir choisi une âme dont le rêve, toute sa jeunesse, fut le sacrifice jusqu'à l'héroïsme ; elle saura le réaliser dans son intérieur.

Si cette jeune fille vient à vous, Monsieur, avec les qualités éminentes de son père, elle vous apporte aussi les vertus de toute une famille digne d'être louée, vrai modèle de parfaite union.

Tous vos amis, laissez-moi vous le dire en mon nom et au nom de ceux qui vous entourent, augurent pour vous d'abondantes bénédictions, et par suite le bonheur dans votre nouvelle famille.

Monsieur, votre caractère, votre position, vos témoins inspirent toute confiance à la famille de Mademoiselle. Votre caractère si noble et si français, votre loyauté connue, votre intelligence habile au milieu des complications les plus délicates vous ont mérité d'être reçu dans la chevalerie de l'honneur et d'obtenir un poste de confiance, où, interprète de ceux que le langage sépare, vous travaillez à les rapprocher. Que de fois dans vos fonctions vous avez revêtu les pensées d'autrui sous des images propres à unir les esprits et aplanir les difficultés !

Par ces qualités aussi solides qu'aimables, vous vous attachez vos semblables ; nous en avons pour garants ces hommes éminents qui vont donner leur signature tout de suite, afin de certifier que se livrer à vous, c'est se confier à un homme doué de sagesse, de constance au travail, de loyauté et de noblesse.

Sa mère offre les traits de la femme forte, dans

son cœur, sa sollicitude et son dévouement sans limite; et au milieu de cette grande couronne de proches et d'amis où la diplomatie a ses ministres, la science ses maîtres et ses professeurs, où les lettres, la poésie, les arts sont représentés, je recommande à votre jeune épouse l'exemple de ses parentes dont le cœur ne connaît que les aspirations élevées.

Lorsque Dieu vient aux hommes, et qu'il rencontre des dons et des vertus si variés, il ne peut que bénir; oui, je me fais le garant de Dieu et le témoin de l'Eglise.

Monsieur et Mademoiselle, votre foyer sera béni.

En nommant le foyer, j'indique ce qui sera le lieu de votre empire, Mademoiselle.

Ce foyer sera peut-être errant; ici-bas, nous n'avons pas de demeure permanente, c'est une tente plutôt qu'une maison; on la renverse sous prétexte de l'embellir, et dans nos cités tumultueuses et mouvantes, la vieille demeure des ancêtres est presque introuvable. Mais si au foyer le père est toujours reconnu comme chef, si la mère y est entourée d'honneur et d'affection, si les serviteurs y prennent racine, si parmi les portraits des aïeux et les meubles de famille on retrouve sans peine l'image du Christ, soyez-en sûrs, là habite encore l'autorité, là respire et vit l'obéissance, là Dieu commande et l'homme est heureux.

Vous voyagerez, mais le Christ voyagera avec vous, il sera votre guide; vous serez éprouvés par les fortunes les plus diverses, mais la prospérité vous trouvera sans jactance et l'adversité sans désespoir. Vous vous consolerez mutuellement aux pieds de Jésus-Christ; il demeurera près de vous, ce Dieu fait homme dans l'épreuve et la douleur; compagnon de vos épreuves et de vos joies, il vous tendra la main, et, vous laissant entrevoir l'avenir, il vous montrera ce ciel où l'on se reconnaît et où la famille sera restaurée, complétée, transfigurée dans la lumière qui ne s'éteint point et dans l'amour qui ne passe jamais.

Dans les sociétés tourmentées par une civilisation en décadence, d'où vient-il que tant de foyers sont déserts? Le vide se fait, mais cette solitude affreuse d'où vient-elle? Qu'est-ce qui manque à toutes ces familles? C'est le Christ, avec l'esprit qu'il répand, le sentiment qu'il donne au devoir et le dévouement qu'il anime et qu'il soutient.

Si Dieu y était honoré, ce foyer aurait des charmes, le père y rentrerait plus tôt, la mère ne se presserait pas de s'en éloigner, l'enfant s'y élèverait sous la garde des anges, comme il s'y élevait autrefois quand on invoquait les anges et les patrons. On se demande comment faisaient nos pères pour élever douze enfants autour d'eux, tâche difficile pour ceux qui n'aiment pas à garder leur foyer. Comment faisaient nos pères? Ils croyaient en Dieu, se confiaient à sa providence et l'invoquaient tous les jours. Ils avaient mérité les grâces de leur état parce qu'ils en accomplissaient rigoureusement les .devoirs selon le vœu de la nature et les lois de la religion ; ils étaient pères autant de fois qu'il avait plu à Dieu de leur imposer cette charge, et voilà pourquoi ils l'acceptaient sans pâlir et la portaient sans trembler.

Le foyer, remarquez-le bien, ce n'est pas la suite des affaires, les relations honorables, les soucis de la société mondaine, oh non ! le foyer c'est l'intimité domestique, les entretiens à vous deux, où se prépare dans des conversations sérieuses l'éducation des enfants. Vous voulez que ces bien-aimés dont la Providence vous confiera bientôt la garde, ne vous fuient pas plus tard pour chercher le monde : apprenez-leur donc à penser, à sentir, à aimer et surtout à prier en commun, et votre foyer ne s'éteindra jamais, parce que seule peut périr la maison qui est sans Dieu, sans amour et sans dévouement.

Pour vous, Mademoiselle, autant que le permettront les devoirs de votre condition, laissez les salons brillants où l'on se réunit pour parler gravement de mille riens. N'imitez pas les femmes oisives qui croient avoir le droit et le temps de l'être; elles dédaignent comme des détails vulgaires ce qui devrait remplir toutes leurs journées. Le plus possible quittez les salons et rentrez dans votre foyer. Mettez votre gloire à retenir auprès de vous votre mari et à lui faire aimer son intérieur, à former vos serviteurs et vos servantes, à élever vos enfants. Soyez chrétienne et vous régnerez non pas avec le sceptre si passager de la beauté ou de la mode, mais avec l'autorité immortelle de la grâce décente et de la douce vertu. Vous inspirerez les sentiments généreux, vous maintiendrez les bonnes mœurs, vous gouvernerez par votre influence, vous aurez un empire qui se fera sentir à vos enfants; il n'y aura au-dessus de votre foyer que le Christ dont vous porterez l'image bien plus dans vos vertus que dans votre personne.

Mademoiselle, à ces traits du foyer, aimable centre de la famille, vous avez reconnu celui de votre mère; pleine du souvenir de celles qui vous ont aimée comme une fille, vous saurez former un nouveau foyer et vivre dans la bénédiction de Dieu.

Et maintenant, entendez la bénédiction que l'Eglise vous apporte du ciel. Quand le petit-fils d'Abraham eut dormi sur la pierre du désert et qu'il eut vu en songe une échelle appuyée d'un bout sur le sol et de l'autre touchant au ciel, avec des anges qui montaient et descendaient le long de cette échelle mystérieuse, il regarda cette pierre sacrée, la souleva de ses mains pieuses, versa sur elle l'huile de la consécration et lui dit : « Tu t'appelleras *Béthel*, c'est-à-dire la *Maison du Seigneur*. » Cette pierre existe encore, mais ce n'est pas Jacob, c'est Jésus-Christ qui l'a posée, c'est la pierre d'un nouveau foyer. Ce n'est pas seulement durant les songes d'une nuit qu'elle reçoit la visite des anges ; cette visite n'a pas cessé depuis dix-huit siècles ; là, les esprits célestes entourent le père de dignité et d'honneur, soutiennent le trône de l'épouse, forment autour du berceau de l'enfant une garde de circonspection et ennoblissent le ministère du serviteur en lui rappelant qu'ils ont servi eux-mêmes l'Homme-Dieu dans le désert ; et quand, appuyant leur tête et leur cœur sur cette pierre posée par l'Homme-Dieu, le père, la mère, les enfants, les serviteurs élèvent leurs yeux vers le Ciel, ils entendent le Seigneur leur dire avec bien plus de force encore qu'à Jacob, le héros de la vision de Béthel : « Je suis le Dieu d'Abraham, le Dieu d'Isaac ton père ; cette terre où tu dors, je la donnerai à toi et à tes descendants ; la race qui sortira de toi sera plus nombreuse que les sables du désert, plus splendide que les astres du ciel. »

Que Dieu, dans cet instant, écoute les prières

de l'Eglise et les vœux de ceux qui vous aiment!
Que ses merveilleuses promesses se réalisent pour
vous! Enfin, que, dans sa bonté infinie, il tire
du trésor de ses meilleures bénédictions les plus
choisies et les plus abondantes faveurs pour
affermir votre foyer et rendre votre bonheur
immortel!

Lille. Typ. J. Lefort.

37